अगर तुम साथ हो...

आजके मिलेनिअल्स की अनकही कहानियाँ

लीना परांजपे नीलिमा देशपांडे

Made with ♥ on the Notion Press Platform
www.notionpress.com

क्रम-सूची

प्रस्तावना

हरएक शादीशुदा जोड़े के जीवन में, शादी जे बाद के पहले दो साल काफ़ी महत्वपूर्ण भूमिका रखते हैं। एकदूसरे को समझना, गलतियों को नजरअंदाज करना, आपस में मेलजोल बढ़ाने की कोशिशें करना और एकदूसरे को उसकी कमियों के साथ स्वीकार करना इन बातों की तब ज्यादा जरूरत होती हैं। इसतरह, एक हफ्ता, महीना या सालभर के अंदर इंसान पूरी तरह समझ में नही आ सकता और नाही इतने कम समय के अनुमान पर शादी तोड़ने या सफल होने के अनुमान हम लगा सकते है।

"एक दूसरे की भावनाओं को समझना" यह "शादी" कामयाब बनाए रखने का सार हैं। हर जोड़ा शादी करते वक्त एकदूसरे के साथ आजीवन रहने और एक दुसरे को साथ देने की शपथ लेता हैं परंतू जैसे जैसे दिन गुजरते हैं, तब एक दूसरे की आदतें, बर्ताव तथा रहन सहन के अलग अलग तरीकों को समझने की ज्यादा जरूरत होती हैं, नाकी इस बारे में शिकायत करने और लड़ झगड़ने की!

रिश्तों में एकदूसरे को समझने का कौशल ही शादी को आश्चर्यजनक रूपसे किसी चबूतरे की तरह मजबूती देता हैं।

हाय! मैं लीना परांजपे एक मिलेनिअल मैरिज कोच होने के नाते, लोगों को उनकी शादी शुदा जीवन की समस्याओं को अलग नज़रिए से देखकर उन्हें सुलझाने में मदद कर एक शांत और सौहार्दपूर्ण जीवन फिरसे पाने में सहायता करती हूँ। आजकल की नई पीढ़ी को उनकी शादीशुदा जिंदगी को सहजकर कैसे रखे यह सिखाती हूँ।

भूमिका

आजकी मिलेनिअल मॅरेजेस
अगर तुम साथ हों...

©®: लीना परांजपे
Leennaparannjpe@gmail.com
https://www.leennaparannjpe.com/
9920637522
©® नीलिमा देशपांडे
neelima2002@gmail.com
https://www.blessedwriter.com/
7733025202

1

अगर तुम साथ हों...

"मुझे फिरसे उन्ही जगहों को देखने बाहर नही जाना सागर। हरबार तुम्हारे दोस्तों के घर या उन्हीं के साथ हमारा
सबका मॉल्स में जाना अब बिककुल भी अच्छा नही लगता हैं मुझे!...."
"अजीब बात हैं सई, यह प्लान मैंने बनाया ही तुम्हारे लिए था। जब देखो मेरा मन नहीं लग रहा की रट लगाए
रखती हो और अब मैं तुम्हे बाहर लेकर जा रहा हूँ, तो चलने के लिए तैयार नही हो। तुम्हारा अगर इतना ही अपने
घरमें मन लगता हैं तो मेरी शिकायत क्यों की अपने और मेरे भी माता पिता से की मैं तुम्हें वक्त नही देता! क्या
वह सब यह सुनकर तुरंत भारत से निकलकर यहाँ हमारे पास अमेरीका आकर तुम्हारा दिल बहलाने वाले हैं? नही
ना? फिर क्या जरूरत थी उन्हें हमारी आपस की यह सब बाते बताने की?"

सागर और सई हरबार की तरह इस वीकएन्ड पर भी आपस में लड़ रहे थे।

"तुम्हे शिकायत किस बात की हैं सागर? मैं तुम्हारे साथ बाहर नहीं आ रही हूँ इसकी या फिर मैंने घरवालों को क्यों
सारी बताई इसकी?"

सई भी पीछे हटने को तैयार नही थी। सागर ने भी फिर उसी तेवर के

साथ सई को जवाब दिया,
"दोनों बातों से शिकायत हैं मुझे! हमारी बातें बाहर फैले यह मुझे पसंद नहीं, और अगर मैं उसका कुछ हल निकालू
और तुम केवल इसलिए उस चीज को मना करो ताकि तुम्हारी कही बात सच हो, तो यह गलत हैं। इस मामले में
तुम्हें बदलना होगा सई !"
सागर क्या सोच रहा हैं यह जानकर सई हैरान हो गई। आवेश में आकर उसने भी अबतक की कुछ अनकही बाते
सागर को कह दी।
"मैं और कितना बदलाव लावू अपने आप में? अपनी बड़े फ़र्म में चल रही 'कामयाब सीए प्रोफ़ाइल' की जॉब को
छोड़कर मैं तुम्हारे साथ यहाँ अपनोंसे कोसो दूर, करिअर छोड़कर हसते हुए निकल पड़ी।
मेरे जॉब के कारण आजतक मुझे एक तरह की फायनांशियल सिक्योरिटी रहती थी और अपनों के साथ रहकर जो
आनंद मिलता था उसे भी अब मैं भारत में पीछे छोड़कर तुम्हारा साथ पाने के लिए यहाँ आयी हूँ। शादी के बाद
तुम मुझे समय दोगे, मेरी भावनाओं को अच्छेसे समझोगे इस उम्मीद को तो तुमने बहोत जल्द झुठला दिया।
हम कभी कबार बाहर तो जाते हैं, पर जब तुम्हारा बाहर जाने का मन करता हैं तब। किसके साथ जाना हैं, कब
जाना हैं, कौनसी जगह जाना हैं यह सबकुछ तुम्हारी इच्छासे तय होता हैं। तुमने कभी मेरी ईच्छा जानने की
कोशिश ही नही की! और रही बात घरवालों को यह सबकुछ बताने की, तो वह सारे हमारे अपने हैं। हम अपनों से

बाते, अपने दिल का बोझ हलका करने के लिए या उनसे सुझाव लेने के लिए करते हैं। माँ बाप से बात छुपानी होती
हैं, यह मुझे नहीं पता। मैंने हमेशा अपनी सारी बाते घरवालों से शेयर की हैं। तुम्हे बचपन से अपने सारे निर्णय
बिना पूछे और बिना किसी को बताए लेने की आदत हो गई हैं जिसके

कारण मेरा घरवालों से बात करना भी तुम्हें
शिकायत करना लगता हैं तो इसमें मेरी क्या गलती हैं?"
"तुम्हारी कोई गलती नही, मेरी माँ! सारी गलती तो मेरी ही हैं। सई तुम्हे तो मेरे साथ कनेक्टीवीटी की फिलिंग भी
मैं नही दे पा रहा हूँ। ऑफिस में तो किसी को मुझसे यह शिकायत नही लेकिन तुम्हें हैं, तो कसूर तो मेरा ही हुआ
ना? बोलो सई..."
बात बढ़ते बढ़ते कही और चली गई। सईने उस वक्त शांत रहना सही समझा।कमरे में जाकर वह उनके रिश्ते के
बारे में सोचती रही। उसे उसके पसन्दीदा गाने के बोल याद आए जो उसके जीवन से वह उसवक्त कनेक्ट कर पा
रही थी।
"तेरी नजरो में हैं तेरे सपने, तेरे सपनों में मैं राजी, मुझे लगता हैं कि बाते दिल की होती लफजों की धोखेबाजी........
तुम साथ हो या ना हो क्या फ़र्क हैं, बेदर्द थी जिंदगी बेदर्द हैं....अगर तुम साथ हो!"
सागर के बगैर जिंदगी सचमें दर्दनाक लगने लगी थी। अकेलेपनसे वह इस कदर परेशान थी की ना तो उसे मॉल्स
लुभाते थे, नाही टीव्ही में उसका मन लगता था। घरके सारे काम निपटाने के बाद पूरा समय क्या करें? यह उसकी
रोज की समस्या थी। शुरू के कुछ दिन तो सागर के साथ अच्छेसे गुजारने के बाद वह जॉब करने ही वाली थी...
उसका साथ पाने के लिए उसने इस बातका एक हल निकाला। मुझसे ऑनलाइन सहायता के लिए उसने रास्ता
निकालने की कोशिश की और फिर उसने मुझे कॉन्टैक्ट किया।
"सबसे पहले तो आप दोनों को एकदूसरे के लिए वक्त निकालना होगा। इसमें केवल आप दोनों ही साथ हो तो
बेहतर। जबतक आपस में एकदूसरे की पसंद या नापसंद जानोगे नही तब तक टकराव होते रहते हैं। तुम दोनों ही
वहाँ अकेले होने के कारण तुम्हें समझाने वाला भी कोई नहीं हैं। पर उससे

इतना फर्क नही पड़ेगा अगर आप दोनोमे
से कोई एक कुछ दिनों तक ज्यादा समझदारी दिखाए। थोड़ा खुदमे बदलाव लाने की कोशिश करे, और अपने
जीवनसाथी को अपनी बात समझाने का तरीका सीखें। इसमें अलग अलग तरह की कोशिशें होगी, जिसपर हम बात
करेंगे। सबसे पहले तो इस समस्या का हल निकालना हैं, और उसमें खुदही पहल करनी हैं इस बात की मानसिक
तैयारी हो, तो सफलता निश्चित मिलेगी!"
मैंने अपनी तरफ से कोच की भुमिका बताते वक्त सई से यह कहा था। उसकी कोशिशें जारी रही और जल्द ही
सागर, सईको समझ पाया।
"सई,अब मैं हमेशा तुम्हारे साथ हूँ। तुम्हें मेरा साथ और मेरे समय की जरूरत थी। एक दूसरे को जानकर अब हम
अपने जीवन में साथमें समय बिताकर बाद में दुनिया के लिए या ग्रहस्थी बढ़ाने का सोचे तो बेहतर रहेगा। हमारे
बीच ही तनाव बना रहा तो ना हम अपने करियर में ढंगसे आगे बढ़ सकते हैं, नाही निजी जीवन में, यह अब मै
समझ चुका हूँ इसलिए अब तुम्हें यह कहने की कभी जरूरत नहीं पड़ेगी की,

अगर तुम साथ हो!.."

आज एक साल के बच्चे के साथ सई और सागर दोनों खुश हैं। सईने नया जॉब ढूंढ लिया है और दोनों घर, बच्चा
और अपना करियर अच्छेसे संभाल रहे हैं। शादी का मतलब एकदूसरे का साथ देना यह अब वह दोनों जीवनभर याद रखेंगे।

2

“बाबा” मैं तेरी मलिका !

बाबा मैं तेरी मलिका, टूकडा हूँ तेरे दिल का, दहलीज उंची है ये पार करा दे। लंबी जुदाई हो तो, ऐसी बिदाई हो तो एक बार फिर से दहेलीज पार करा दे।

अपनी पसंद के लडके "मनीष" के साथ शादी होने के बावजूद भी, डॉक्टर "गौरी" के कदम ससुराल जाते वक्त दहलीज पार करने को तैयार नही थे। दूनिया के रिवाज का सन्मान करते हुए गौरी, मनीष के साथ शादी करके ससुराल तो आ गई थी, लेकिन दिलसे वह अपने मायके में ही बसी हुई थी।

दोस्तो के एक कॉमन ग्रुप में सीए मनीष के साथ गौरी की जान पहचान होने के बाद गौरी और मनीष ने अपनी पसंद के बारे मे घरवालों को बता कर उनके प्यार को रिश्ते में बदल दिया था। दोनोही उनकी प्रोफेशनल लाईफ मे व्यस्त होने के कारण आपस में अकेले में समय बिताना चाहते थे। उन्हें मौका देने के लिए, मनीष के माँ बाप, मनीष के बडे भाई के घर कुछ दिनों के लिए चले गये।

उनके वहा जाने का एक और कारण भी था। मनीष के बडे भाई के घर नन्हा मेहमान आया था। उसकी देखभाल में बडी

बहू और बेटे का हात बटाने और कुछ पल नाती के साथ बिताने के लिए वह दोंनो गये थे।
इधर दस पंधरा दिन एक दुसरे के साथ अच्छे से बिताने के बाद सोलहवे दिन गौरी अपने मायके चली गई और फिर
सात-आठ महिने होने के बावजूद भी लौटकर नही आयी।
प्यार करने के बाद एक दूसरे से शादी होने के बाद गौरी अचानक मायके गयी थी और वापस आने को तैयार नहीं हो
रही थीं। मनीष और गौरी अब भी अच्छे दोस्त थे, आपस में बात भी कर रहे थे पर एक ही शहर में रहते हुए एक साथ
नही रह रहें थे, यह गणित CA मनीष की समझ से बाहर जा रहा था। घर में अकेले होने के कारण उसका मन नही लग
रहा था इसलिए किसी परिचित के सुझाव पर मनीष ने मुझसे मिलने के लिए समय निश्चित किया। आने से पहले
उसने मेरी वेबसाइट भी देखी थी।
गौरी के साथ मनीष से हुई पहलीही मुलाकात में, मैं उनके बीच की दूरियों के कारण को समझ गयी थीं। पर आगे की
राह मैं सफलता से तभी पार कर सकती थी जब उन दोनोंमें से किसी एक का मुझे पूरा साथ मिलता। जो गौरी ने देना
शुरू किया। और कुछ दिनों में सेशन द्वारा मेरा हाथ पकड़कर हम उस नतीजे पर पहुँचे जो इस शादी को बचाने के
लिए जरूरी था।

डोंबिवली में अपने पिताजी की देखभाल के लिए 24 घण्टे के लिए नर्सिंग स्टाफ रखकर गौरी कल्याण में उसके
ससुराल रहते हुए भी उसके पैरलाइज्ड पिता की देखभाल करना सीख गयीं। उसे काम के बीच में जब भी संभव होता
वह मायके जाकर उन्हे देख आती थी।
दरअसल कई सालों से एक डॉक्टर और उस घर की बडी लड़की होने के नाते, गौरी ने अपने पिताजी को संभालने की
और उनकी उस अवस्था में उनके सारे काम करने की पूरी जिम्मेदारी अपने कंधों पर ले ली थी। घर में उसके अलावा

उसकी माँ और छोटी बहन भी थे जिन्होंने कभी यह जिम्मेदारी लेने की कोशिश नही की थी, और गौरी ने भी कभी
उनसे कुछ करने के लिए कहा नही था।
लेकिन शादी के बाद उसकी अपनी नयी जिंदगी की बागडौर संभालने के लिए उसे पुरानी डोर को थोड़े समय ही सही,
पर किसी और को सौंपकर आगे बढ़ने की हिम्मत देना और किसी ने उसे यह महसूस कराने की जरूरत थी।
अपने बेटी होने के कर्तव्य को और अपनी प्रोफेशनल जीवन को उसने ज्यादा दिलपर लेते हुए शादी को और मनीष के
साथ उसके घरवालों की समझदारी को अनदेखा कर दिया था। इस बात का ज्ञान होते ही उसने दिलसे मनीष से मांफी
मांगकर उसके साथ नए रिश्ते में अपने कदम आगे बढ़ाए। आज डेढ़ साल की बेटी के साथ मनीष और गौरी अपने
शादीशुदा जीवन का आनंद ले रहे हैं इस बात की खुशी उनके साथ मुझे भी उतनी ही हैं, क्योंकि रिश्तों को संभालना
बहोत लोग चाहते हैं लेकिन उसका तरीका उन्हें नही पता। मैं इस नेक काम में अपार संतुष्टि पाती हूँ।

3

अब तो हैं तुमसे....

अब तो हैं तुमसे हर खुशी अपनी, तूम पे मरना हैं जिंदगी अपनी....
"खाली दिनरात यह गाना गुनगूनानेसे कुछ नही होनेवाला सोहन। अभी भी समय हैं, जाकर सरिता को वापस लेकर
आओ।"
डॉक्टर सोहन की माँ, अपने बेटे को उनकी बहू सरिता को घर वापस लाने के लिए समझा रही थी। सोहन को सरिता
की कही कुछ बाते याद आयी जिनपर उसे अब सोचना था और उसके बाद ही सरिता को घर वापस लाना हैं या नही यह
तय करना था ।
"सोहन, मुझे लगता हैं कि, तुम कमसे कम एक बार मेरी ईच्छा के लिए इस विषय पर बात करो। हम दोनों ने अपनी
पहली असफल शादी को भूलाकर जीवन में आगे बढ़ने के लिए सोच समझकर एकदुसरे से शादी की थीं। अब हमारी
शादी को सालभर से ज्यादा समय हो गया हैं,फिर भी हमें,हमारी पहली जिंदगी को भुलाने में कठिनाई हो रही हैं। खुश
रहने के लिए और मेरी इच्छा के लिए, मुझे लगता हैं की, हमें अपना परिवार बढ़ाना चाहिए। मुझे बच्चों से बहुत लगाव
हैं।"
रेडियोलॉजिस्ट सरिता जो, चाहती थी,उस बात के लिए सोहन का मन

राजी नही था। सरिता और उसकी माँ के बीच
कुछ नोकझोक चलती रहती थी। जिसके कारण सोहन को डर था की यह शादी भी सफल रह पायेगी या नही?जो बात
उसने एक दिन कह भी दी थी।
"शादी कोई मजाक नही सरिता ! एक बार शादी के कटू अनुभवों से गुजरने के बाद मैं अभी पुरी तरह संभल नही पाया
हूँ । ऐसेमें ग्रहस्थी को आगे बढाना मुझे ठीक नही लगता। जैसे तुम्हारी मुझसे कुछ अपेक्षाएं हैं, वैसे मेरी औऱ मेरी माॅ
की भी तुमसे हैं, जिन्हें तुम अनदेखा कर रही हो। क्या फर्क पड़ता हैं अगर त्योहार पर तुम साड़ी पहन लो, उनसे
आशीर्वाद लो, रोज थोड़ा समय उनके साथ बिताओ, या घरमें कभी कोई महेमान आए तो घूँघट लेलो। आए दिन यह
बातें तुमसे कहने की बजाए माॅ मुझे बताती हैं। पापा के गुजरने के बाद मैं ही उनका मानसिक आधार हूँ। पर अब मेरा
मानसिक आधार तुम नही बनोगी और कहोगी की, "पहले भी मुझसे किसीने यह सारी चीजें नही करवाई" और शिकायतों की लट लगातार सुनाकर मुझे परेशान करोगी तो कठिन हो जाएगा सब। मुझे लगता हैं, तुम अपनी पिछ्ली जिंदगी को भूल नही पायी हो अब तक। कई बार मना करने के बाद भी तुम समझना नही चाहती। इससे तो अच्छा हैं की मैं आजसे दूसरे कमरे में शिफ्ट हो जाता हूँ।"

उस दिन गुस्से में सरिता ने भी उसे नही रोका, यह सोचकर कि वह शांत होकर वापस ऊनके कमरे में जल्द ही लौट
आएगा। पर बात कुछ ज्यादा बिगड़ गयी। सोहन अकेलेपन में काम में व्यस्त रहने के बजाए शराब के सहारे उसका
समय ज्यादा बिताने लगा।
एक दोस्त की सलाह पर सरिता ने, उसकी शादी में फिरसे खुशी के पल वापस लाने में मदत लेने के लिए मुझसे
मुलाकात की।और जल्द ही सरिता ने उससे जो घरवालों की उम्मीदे थी, वह पूरी कर दी। जैसा सोहन की माँ चाहती थी
वह सब करना उसने शरू किया। सासू माँ तो खुश हुई पर सोहन के

हालात अभी पूरी तरह नही बदले थे। इसलिए सरिताने अपनी सासू माँ से बात की।

"मैं जानती हूँ की आप भी सोहन के इस रूप से खुश नही हैं। पर आप उन्हें कुछ नही कह पाती। मैंने आपका और उनका दिल जीतने के लिए कई कोशिशें की। आप अभी मुझसे खुश भी हैं और मुझे अच्छी तरह समझने भी लगी हैं। लेकिन सोहन जीद पर अडा हैं। उसे ना मैं पसंद हूँ ना बच्चों के लिए मेरी चाहत। अपने स्वाभिमान के खिलाफ जाकर सोहन ने मुझपर हाथ उठाने के बाद भी मैं उसकी हालत को समझती रही। पर सोहन को केवल अपनी मनमानी करनी, हो तो बेहतर हैं मैं किसी होस्टल में रहने जाऊ। उम्मीद हैं आप मुझे समझोगी। शायद मेरी कमी महसूस होने के बाद सोहन की सोच भी बदले।"

यह बात कहकर, सरिता सचमुच चली गई थी। सोहन को सरिता की कमी महसूस हो रही थी। उसके बगैर जिंदगी रूखी लगने के बाद सोहन भी सरिता के निर्णय से काफी सोचकर सहमत था की उन्हें जीवन में आगे बढ़ना चाहिए। सरिता की सुझाई बात पर ध्यान देकर खुदके बच्चे के रूप में,जीवन में खुशियां लानी चाहिए। माँ ने भी उसे सही गलत क्या हैं यह समझाया और आखिरकार सोहन सरिता को वापस घर लेकर आया।

कभी कभी कुछ पल की बुरी यादें, हमारे आज के जीवन को इस प्रकार प्रभावित कर देती हैं, की रिश्तों की डोर को भी नाजूक बना दे। सही समय पर कदम उठाए जाय तो, उन रिश्तों की डोर को हम प्यार के पक्के धागे में फिरसे बाँध सकते हैं।

सोहन और सरिता ने यही किया। पुराने जीवन की सारी यादें हमेशां के लिए भुलाकर वह आगे बढ़े। सरिता ने करिअर में उन्नति करने हेतू कुछ आगे की पढाई की। दोनों ने मिलकर हँसी खुशी निर्णय लिया और आज वह दोनों डेढ़ साल

के बच्चें के माता पिता हैं, और एकदूसरे के लिए यह गीत गाते हैं....

अब तो हैं तुमसे, हर खुशी अपनी.....

4

तुम जो कह दो तो...

रीना जर्मनीसे एक महिने पहलेही अपने IT जॉब में दो साल का प्रोजेक्ट पूरा करके भारत वापस लौटी थी। अपने
ससूराल आकर साथ रहने के बाद एकदिन अचानक सुरजने उसे कहा,
"रीना मुझे लगता हैं, की तुम्हे अपने मायके जाना चाहिये। एकसाथ रहकर हमारे बीच दूरियां कम होने की बजाय बढ़
रही हैं। तुम्हे बात करने का तरीका सीखना होगा। हरबार मेरे कहने का वह मतलब नही था, ऐसा कहकर तुम बच नही
सकती। भावनाओं को समझना सीखो फिर लौट आना वापस, उससे पहले नही ! और तुमसे न हो पाए तो हम अलग
ही रहेंगे।"
सूरज के शब्द जैसे रीना के दिल में लग रहे थे। स्वभावसे प्रैक्टिकल होने के कारण वह बाते कभी दिल पर नही लेती
थी। पर आज खुशनुमा नेचर के बावजूद उसे सूरज की कही बात का बुरा लग रहा था।
"मैंने अपनी तरफ से तुम्हे समझाने की कोशिशें की सूरज! पर तुम हर छोटी बात का बुरा मान जाते हो। शादी के बाद
छे महीने हमने कितनी खुशीसे मनाए थे! मुझे जर्मनी जाने के लिए भी तुमने और घरवालों ने कितना सहयोग दिया,
प्रेरीत किया था। शुरुवात के दिनों में तुम मेरे लिए कितने वादे करते थे,

गाना भी गाते थे....
तेरे बिना जिंदगी से कोई शिकवा नही, शिकवा नही कहने वाले को अब क्यों शिकायते होने लगी हैं? ...
तुम जो कहदो तो आज की रात चाँद डूबेगा नही, रात को रोक लो... रात को रोकनेवाले तुम आज मुझे मायके जाते हुए
नही रोकना चाहते, इतनी बेरुखी ठीक नहीं इसलिए मैं जा रही हूँ। मुझे तुम्हारे बुलाने का इंतजार रहेगा।"
रीना सूरज के कहने पर चली तो गई पर सूरज के बगैर उसका मन नही लग रहा था। जर्मनी जाने के बाद वह दोनो
आपस में जब भी बात करते थे, कुछ ना कुछ नोकझोक चलती रहती थी। यहाँ आकर बात जब ज्यादा बिगड़ गयी तो
रीना ने मुझसे सहायता लेना उचीत समझा।
"मैं एक खुशहाल जीवन जीना पसंद करती हूँ। स्वभाव से प्रैक्टिकल होने के कारण छोटी मोटी बाते अनदेखी हो जाती
हैं। बोलते वक्त नापतौलकर, ध्यान देकर बोलना मुझे ऑफिस में बात करने जैसा लगता हैं। इसलिए घरपरिवार के
लोंगो के साथ फ्री होकर बात करती हूँ और मेरी यही बात सूरज की परेशानी हैं। उसे उसके प्रोफेशनल लाइफ की तरह
घर पर भी प्रॉपर टोन, शब्द, उनके अर्थ को समझकर बोलना पसंद हैं। मेरी बातों से वह अक्सर नाराज रहने लगा था।
अब तो बात कुछ ज्यादा ही बिगड़ गई हैं। मुझे सब ठीक करना हैं, और मैं चाहती हूँ की आप मेरी इसमे सहायता करे।"

रीनाने सूरज और उसके बीच जिन बातों से झगड़े होते थे उनकी वजह बताई।

"रीना, मुझे लगता हैं की बात अभी भी ठीक हो सकती हैं। रिश्ते बचाने के लिए खुद में अगर हम थोडे बदलाव करने के
लिए मानसिक रूप से तैयार हो तो हर चीज संभव हैं। रास्ते बताने वाले मिल जाएंगे,पर सफर तुम्हे खुद तैय करना हैं।
धीरज रखकर सच्चे मनसे कोशिश करनेवाले फिरसे एक होते हुए मैंने देखे हैं। तुम्हारी बातों से मेरी समझ में आ गया

हैं की, घरवालों के कहनेपर अब तुम दोनों एकसाथ एक अलग फ्लैटमें कुछ दिन रहकर देखने वाले हो की आपस में
आप दोनों की बन पायेगी या नही? इन दिनों में तुम्हे लगातार कोशिश कर सूरज के मनको समझना होगा। आपस में
जब तक तुम्हारी बात शुरू नही होती तब तक का सफर कठिन हो सकता हैं, पर मैं तुम्हारे साथ हूँ। हम लोग सबसे
पहले तुम्हारे बातचीत करने के तरीके को असरदार बनाने पर काम करेंगे।"

रीना ने अपने कम्युनिकेशन को सुधारने के लिए हर तरह से बदलाव अपनाए। वह जानती थी की, यह बात उसे जीवन
मैं हर जगह काम आने वाली हैं। कुछ दिनों बाद उसने मुझसे फ़िर बात की,

"सूरज के साथ समय बिताने के हर मौके का फायदा उठाते हुए मैंने उसको धीरे धीरे मुझसे बात करने और मेरी बात
सुनने में सफलता पाई हैं। उसके बाद हमारी दोस्ती और रिश्ता उस मोड़ पर आ गया था जब लॉकडाउन में उसकी जॉब
चली गयी, लेकिन हम दोनों साथ थे, तो मुश्किल नही लगी। पैसे की चिंता उतनी नही थी जितनी अकेलेपन में हमारे
ज्यादा समय एकसाथ बिताने से झगड़े होने का डर लग रहा था। पर मैंने मेरे बोलने के तरीकों में किए हुए बदलावों के
कारण हमने अच्छा समय बिताया। इतनाही नही, हमने एकसाथ कैनडा जाने का भी निर्णय लिया हैं। सूरज अपने
कुछ दोस्तों के साथ वहाँ खुदका फूड बिजनेस करना चाहता हैं। मेरे IT field का काम कही भी जाऊ, चलता रहेगा तो मैं
भी खुश हूँ।"

समय रहते अगर हम कुछ आदते बदल दे, एकदूसरे के साथ रहते हुए केवल हमारी बात पर अड़े रहने से अच्छा हैं की
हम आपस में मिलजुलकर, दोनों के मन जैसा करने की कोशिश करें तो जिंदगी फिरसे नई भोर लाती हैं।

5

तू खुद की खोज में निकल!

गुस्से में मीनल अपने कमरे में आकर बैठ गई, यह सोचकर की आज तो यश को अपनी माँ और बहन से बात करने के
लिए कहूंगी। काफी पढ़ी लिखी और अपने नामपर कई चीजों के पेटंट ले चुकी मीनल एक बड़ी कंपनी में Financial
Analyst के पोस्ट पर जॉब कर रही थी। आए दिन यश की डॉमिनेटिंग माँ और ससुराल में रहकर भी मायके में रोज
ध्यान देनेवाली बहन की हर छोटी छोटी बात की नोकझोंक से मीनल अब तंग आ गई थी।

एक ऑनलाइन पोर्टल पर घरवालों ने अकाउंट खुलवाने के बाद जीवनसाथी के तौरपर यश और मीनलने एक दूसरे को
पसंद किया और शादी के बंधन में बंध गए थे।

शादी से पहले ही इन दोनों ने मीनल की निजी जीवन में बहोत ज्यादा दखल देना शुरू कर दिया था। शुरू में नजर
अंदाज करते हुए मीनलने बात को बढावा नही देने का सोचा पर जब उसे क्या खाना चाहिए, क्या पहनना चाहिए, कैसे
तैयार होने की जरूरत हैं, क्या करे, कब करे, कैसे करे इन बातों में रोकटोक और नुक्स निकालना ज्यादा बढ़ गया तब

मीनल ने यश को यह सब बताकर दोनों को समझाने की बिनती की। यश के लिए यह मामूली बात थी इसलिए उसने आज बात करता हूँ, कल करूँगा यह कहते कहते बात इतनी टाल दी
थी की उनकी शादी होकर भी अब सालभर होने को आया था।
मीनल एकसाथ कई चुनौतियों का सामना कर रही थी। उन दोनों की बातों से परेशान होकर कभी यश से अपने मन की
बात कहने जाती और उसमें उनका झगड़ा होता, तो पूरे घर में एक अजीब सा सन्नाटा छा जाता था। ससुरजी डिप्रेशन
के मरीज थे। इसका प्रभाव मीनल के करिअर पर साफ दिखाई देने लगा था।
यश के कमरे में आने के इंतजार में मीनल का गुस्सा बढ़ रहा था। हॉल में टीव्ही पर 'पिंक' फ़िल्म चल रही थी और
उसमें सुनाई देनेवाली कुछ पंक्तियों ने अपना काम कर दिया।
"तू खुद की खोज में निकल, तू किस लिए हताश है, तू चल तेरे वजूद की...समय को भी तलाश है। समय को भी तलाश
है...जला के भस्म कर उसे जो क्रूरता का जाल है, तू आरती की लौ नहीं, तू क्रोध की मशाल है।"
यश से बातचीत करते हुए भी मानो यह आवाज उसके कान में गूंज रही थी। जब यशने आज भी बात करने से मना
किया तब मीनलने खुद बात करने की ठानी और दोनों की इसबात पर हुई बहज में, मीनल अपना आपा खो बैठी।
गुस्से में उसने यश को एक थप्पड़ लगा दी और एक चिंगारी उनके रिश्ते को और आपसी प्यार को जला गई।

ससुरजी ने घबराहट में पुलिस बुलवाई। उस दिन के बाद ससुरजी जब भी यश और मीनल के झगड़े से डरते थे,आगे
कुछ होने के पहलेही वह कॉल कर पुलिस को बुलाते थे....यह सिलसिला फिर दो-तीन बार हुआ और मजबूरी में मीनल
को मायके लौटना पड़ा।
हाथ कोई भी उठाए, गलत ही होता हैं, पर एक नारी गलती से भी ऐसा कभी करे तो वह स्वीकार नही होता। यशने

मीनल से अलग होने का निश्चय किया तब दोस्त के कहने पर वह मुझसे मिलने आया।
हमारी बातों में उसे लगा की कही न कही उसकी तरफ से कमी रह गई और उसे पूरा करने के लिए वह इस रिश्ते को
एक और मौका दिलसे देने में जुट गया।
एक बार किसी बात की नाराजगी जताते हुए उसकी माँ ने उसे घर से बाहर निकाल दिया था और उस दिन उसके
समझ में यह बात आ गई के उसके सुखदुःख से परिवार को कोई फरक नही पड़ता। वह खुद उसकी माँ की over
dominating बातें और शादी के ग्यारह साल बाद भी अपनी ग्रहस्थी में ध्यान देने की बजाए अभी भी मायके में झगड़ा
करवाती बहन के नोकझोक पसंद न आनेसे स्वीकार नहीं कर पा रहा था, तो मीनल ने तो उन्हें सालभर सहन किया
था।
यशने मीनल को समझने का प्रयास शुरु किया और वह दोनो आपसी मन मूटाव को भुलाकर फिरसे घरवालों के पास
किराए पर मकान लेकर रहने लगे। मीनल ने भी अपने गुस्से पर काबू पाने के तरीके सीखे और यश से दिलसे माफ़ी
मांगकर नया जीवन शुरू किया। आज एक साल के बच्चे के माता पिता के रूप में वह दोनों जीवन में खुशीसे आगे बढ़ रहे हैं।

6

तेरा साथ हैं तो...

"सपना, तुम्हे बिना झिझकते हुए हमे सारी बाते बतानी होगी, तभी हम तुम्हारी कुछ सहायता कर सकते
हैं। तुम्हारी साँस तो बात करने के लिए भी तैयार नही हैं और नाही हितेश! वो तो खुद ही तुम्हे यहाँ
अचानक बिना कुछ बताए मायके में छोड़कर चला गया हैं। ना तो उसका कॉल लगता हैं, न वह घरपे
जाओ तो, मिलने के लिए हमारे सामने आता हैं। हमे तुम्हारी शादी को बचाना हैं। इसके लिए सबसे
पहले तुम्हे अपने ससुराल में फिरसे रहने या आने की अनुमति लेनी होगी।
तुम एक समझदार औऱ MBA की हुई लड़की हो, हिम्मत रखोगी तो हम फिरसे सब ठीक कर सकते हैं।
हमारे साथ आज एक मैरिज कोचसे मिलने चलना, क्योंकि वह इन बातों का हल अच्छेसे निकाल सकते
हैं।"

मुंबई के नेपियन सी रोड पर रहनेवाली खुश और अमीर घर के सपना की शादी बहोत रईस माँ बाप के
इकलौते बेटे हितेशसे होने के बाद वह सांताकृज रहने तो लगी थी, पर उसका मन मायके को ज्यादा याद

करता था। कभी बात हो पायी तो वह अपनी माँ से ही कहती थी,

"हमारे घर में हर तरह की आजादी थी, यहाँ हर छोटी चीज के लिए मुझे अनुमती लेनी होती है। मेरी
अलमारी भी मैं हितेश की मम्मी से पुछे बगैर नही खोल सकती। वह खुद भी हर बात पर राय लेता हैं
औऱ अनुमति मिलने के बाद ही कोई चीज करता हैं"

"ठीक हैं सपना, शादी के बाद कई चीजें बदल जाती हैं, खासकर लड़कियों की जीवन में। वह घर में बड़ी
हैं औऱ तुम्हारी शादी को अभी सात - आठ महीने ही तो हुए हैं। आगे चलकर सब तुम्हें संभालना हैं
इसलिए अभी सिख लो।"

कोच के पूछने पर सपना ने उन्हें बताया की,

"एक दो बार ही मैं अपने मायके में बात कर सकी पर पूरी तरह अपना दुःख बता नही पाई। दरअसल
दिन हो या रात हमे हमारे
बेडरूम का दरवाजा तक बंद करना हैं तो उनकी अनुमती लेनी होती थी,जो कई बार नही मिल पाती।
हितेश की माँ का हर चीज में अती दखल देना और पुरे परिवार को केवल अपनी मर्जीसे चलाना, फैमिली
डिसिप्लीन से ज्यादा हमे घूटन का अनुभव देनेवाला लगता था। लेकिन मैने अपनेआप को उनकी ईच्छा
के अनुसार बदलने की कोशिश जारी रखी। मैंने कौनसे कपड़े पहनने हैं यह भी वही तैय करती थी। उस
दिन हितेश के साथ मैं बाहर पार्टी मे गई थी और वहाँ से हितेश ने मुझे अचानक मायके लाकर छोड़
दिया।"

सपना अपना आत्मविश्वास खो चुकी थी। उसका धीरज बढ़ाकर कुछ दिनों बाद उसे वापस उसके ससुराल
जाकर उसका जरूरत का सामान लाने की मोड़पर बात जब पहुँची उसके बाद परिवार में वापस जाने की

तथा अपनी बात बोलने की हिम्मत, देकर बाते आगे बढ़ी। उसने सेशन्स लेना जारी रखा था।

"मेरी तरह हितेश भी माँ की डॉमिनन्स शायद इसीलिए सहन करता होगा क्योंकि वह अभी पापा के
साथ ही उनके बिज़नेस में मदद कर रहा हैं। उन दोनों से वह डरता हैं। मैं ही उसकी ताकद बन सकती हूँ
और अगर हम कमाकर लाने की कोई ठोस बात रखे तो शायद हमारे लिए उनके खयाल बदल सकते हैं"

सपना ने कुछ दिन ससुराल में रहकर, जब हितेश से अपनी दोस्ती बढ़ाई और उसकी परेशानी को समझा
तब उसने यह बात कोचको भी बताई। धीरे धीरे हितेश भी सपना की तरह खुलकर अपनी बात रखने की
और उनके निजी शादी शुदा जिंदगी के निर्णय लेने की हिम्मत रखने लगा। जिसके कारण सपना और
हितेश का आपसी तालमेल, सहयोग करना बढ़ गया था। एक दिन दोनों ने हितेश के पापा से बात की,

"अगर आप दोनों को अभी हमपर और हमारी काबिलियत पर भरोसा हो गया हो, तो हम अपने बिज़नेस
की एक शाखा सिंगापुर में खोलना चाहते हैं। सालभर में हम उसे प्रॉफिट मेकिंग सैन्टर बना देंगे।"

मम्मी और पापा दोनों के मन में उनकी क्षमताओं को लेकर कोई मतभेद न था। बात नफा पाने की हो,
तो वह कभी पीछे नही हटते थे। अतः सपना और हितेश को अनुमती मिल गई। सालभर से कुछ दिन
पहले ही, उन्होंने घरवालों को और कोच को फोन कर अपनी खुशी जताई,....

"हम अभी बहोत खुश हैं। बिजनेस सेट हो चुका हैं। और अब कुछ दिन हम एकदूसरे के साथ समय
जिंदगी जीने में देकर फिर अपनी गृहस्थी में आगे बढ़ने की सोच रहे हैं"

एकदूसरे का साथ जब कठिन समय में दिया जाता हैं तो, रिश्तों की, नींव और भी ज्यादा मजबूत होती
हैं। सपना और हितेश ने शुरुआत भले ही देर से की हो पर उन्होने सबका दिल जीत लिया। इसलिए उन्हें
पीछे मुड़कर देखने की कभी जरूरत नही पड़ेगी। जहाँ हर निजी बात पर भी उन्हें अनुमति लेनी होती थी,
और उधार की जिंदगी वह जी रहे थे, आज मनचाहे कपड़े पहनने हो या एकदूसरे के साथ समय देने का
निर्णय लेना हो, वह ले पाते हैं, एकदूसरे के साथ के भरोसे पर ! मानो जैसे एकदूसरे को कह रहे हो....

तेरा साथ हैं तो, मुझे क्या कमी हैं.... अंधेरों से भी मिल रही रोशनी हैं.... तेरा साथ हैं तो....

7

पिया का घर....प्यारा....???

ओ, मैं तो भूल चली बाबुल का देस पिया का घर प्यारा लगे ।

मुंबई का मायका और प्राइवेट फर्म की नोकरी छोड़ शादी के बाद बिहार में राघव के साथ गयी सरिता जीवन का आनंद
लेते हुए इस गाने की नायिका के तरह खुशी के गीत गाने लगी थी।

पटना के जानेमाने, पैसेवाले परिवार को देखकर माँ बाप ने बेटी सरिता की शादी राघव संग रचाई थी। शादी के 3
महीने बाद कैंसर के कारण सरिता की सांसू माँ चल बसी। और उसके साथ ही मानो सरिता की शादी का नयापन खत्म
होता गया।

पंन्द्रह साल पहले अपनी पती के निधन के बाद सरिता की मौसी सांस अपने दो बेटों के साथ बहन के घर, कैंसर की
बीमारी में उसकी और उसके घरकी देखभाल करने और खुद के लिए भी सहारा ढूंढते हुए आ गयी थी। जो उसके बाद
वही की हो गयी और उसके ससुराल में उसकी बूढ़ी सांसू माँ ने कई बार बुलाकर भी नही गयी थी।

सरिता को इस बात से परेशानी नही थी। लेकिन मौसी सांस हर बात में कुछ न कुछ कमी निकालकर सरिता को

परेशान करने लगी थी। राघव अपनी माँ को खोने के बाद खुद अकेला पड़ गया था। सालभर मौसी सांस और ससुर जी
के साथ, मौसी के लड़कों की भी हिम्मत बढ़ गयी थी और नोकझोक तबतक कभी कबार हातापाई पर जाने लगी थी।
राघव को इस बात का अंदाजा न था और सरिता वह देती भी तो, पिताजी के आगे उसकी एक न चलती थी।
आखिरकार इन सब बातों का हल न मिलने के कारण सरिता अपने मायके मुंबई किसी काम से आठ दिनों के लिए
आयी,पर कभी लौटी नही। अपनी बेटी की खुशियों के लिए सरिता के घरवालों ने मेरी वेबसाइट के जरिए मुसझे
मिलकर इस समस्या का हल ढूढ़ने का सुझाव सरिता को दिया।
राघव अच्छा पती होने के कारण सरिता को इस रिश्ते को एक मौका देते हुए हालातों को सुलझाने का रास्ता निकालना
था।
हम दोनों ने आपस में बातचीत करने के बाद, वह इस नतीजे पर आ गयी थी की, उसे अपने ससुराल जाकर पहले
राघव की सहायता करनी होगी।
एक दूसरे के साथ समय बिताकर फिरसे जो दूरियां राघव की माँ के गुजरने के बाद और सरिता के मुंबई लौट आनेसे
उनके बीच हुई थी, उन्हें उसे कम करना था।

एक ही घर में रहते हुए जो बात सालभर में, सरिता समझ गयी थी,उस बात का राघव को भी थोड़ा अंदाजा तो था। पर
पिताजी के आगे उसकी बोलती बंद हो जाती थी। माँ के गुजरने के बाद तो वह पूरा अकेला और कमजोर पड़ने के
कारण कभी कुछ बोलने की हिम्मत नही रखता था।
इसलिए सरिता को पहले उसका विश्वास जीतना जरुरी था, जो सरिता महिनेभर में जीत चुकी थी। मौसी सांस और
ससुर के बीच के रिश्ते को समझने के बाद उस घर में रहना उसके लिए मुश्किल हो रहा था। ऊपर से ससुरजी और
मौसी सांस दोनों के भी ज्यादा dominating स्वभाव का शिकार राघव

खुद भी था। इसलिये वहाँ एक साथ उस माहोल में रहेने से राघव के साथ सरिता बाहर ज्यादा सुखी रह पाती। नोकरी करने वाले राघव में बस उस हिम्मत की कमी थी, की वह अपने पिताजी से अलग रहने की बात करते हुए सुखी जीवन को अपनाता।

जब शादी के बाद जीवन की डोर सरिता जैसे जीवन साथी के साथ बंध जाए, जो हर कदम पर अपने पती के साथ खड़ी होकर उसकी हिम्मत और ताकद बन जाने को तैयार हो, तो कामयाबी दूर नही रहती।

जीवन में हमें कई बार ऐसी उलझनों का सामना करना पड़ता हैं। आपसी समझदारी औऱ प्यार न हो तो रिश्तों की डोर कमजोर होते- होते टूट जाती हैं।

सरिता की समझबूझ और राघव की बढ़ी हुई हिम्मत के कारण वह दोनों अपने बलबूते पर आज खुशी से जीवन बिता रहे हैं।

मेरे साथ अभी सेशन्स चालू हैं और इस दौरान उन्होंने अपने लिए एक किराए पर रहने के लिए मकान ढूँढ लिया है ।

राघव जल्द ही पिताजी से बात कर दशहरे के दिन नए मकान में शिफ्ट होने का मन बना चुका हैं और उसने तैयारी भी कर ली हैं।

एक और जीवन सुखी होते देखने की खुशी पाकर मेरे मन को अपार खुशी मिली हैं।

8

गम छोड़कर मनाओ...

"ममता तुम्हे कितनी बार समझाना होगा की हमें मशीनों में धुले कपड़े साफ़ नही लगतें, तुम इन्हें फिरसे हाथों से
धोकर सुखाओ। और ध्यान रहें कि सारे काम होने के बाद ही तुम अपने कमरे में लौट जाओ।"
"हाँ माजी"
कहकर ममता कमरे चली गई इस उम्मीद पर की शायद अजितने यह सुना हैं तो वह कुछ समझदारी दिखाएंगे। पर
जहाँ अजित को ममतासे दो प्यारभरी बातें करने को सालभर में समय नही मिला या उसने अवसर नही ढूंढा था, वह
अपनी माँ के खिलाफ और घरेलू बातों में वह क्या दखल देता?
बात दरअसल केवल कपड़े धोने की नही थी। शादी के बाद कोई लड़की अपना घर परिवार छोड़कर आती हैं तो नये
रिश्ते बनेंगे इस आसपर! और सबसे ज्यादा उसे उम्मीद रहती हैं अपने पती से। जिसके जीवन में पहले से उसे
समझने वाला और इज्जत के साथ प्यार देने वाला दोस्त था, वह ममता अपने माँ - बाप के कहने पर पूरे मनसे
अजित को अपनाते हुए दिल्ली से मुंबई आई थी वह क्या घरवालों से दो

मीठे बोल की अपेक्षा भी नही करती? मुंबई की
गरमी जो पहली बार सहन कर रही थी वह रोज वॉशिंग मशीन होकर भी पाँच-छे लोगों के कपड़े हाथों से धोए, चौबीस
घण्टे घूंघट में रहे यह कहा का न्याय था? पर उसने सालभर यह सहन करते हुए अजित की राह देखी और जिसका डर
शायद आपको पढ़ते हुए लग रहा है वही हुआ।
अपना मन हलका करने के लिए उसने अपने पुराने दोस्त से बात करना शुरू करतेही उसे समझने या समय देने की
बजाए अजितने उसपर संदेह लेकर उसकी कॉल ट्रेस करवाना शुरू किया। जिंदगी हर एक को अवसर देती हैं और खतरे की सूचना भी। पर न अजित उन्हें समय रहते समझ पाया नाही उसके
घरवाले।
ममता अवसर देखकर जो अपने मायके चली गई वह कभी ना लौटने का सोचकर। किसी रिश्तेदार के सुझाव पर
अजितने मेरी वेबसाइट से मेरा पता लेकर मुझसे मिलने के लिए समय लिया।
अजित अपना मन बना चुका था कि वह भी अभी ममता के साथ नही रहना चाहता क्योंकि अपनी बेटी को डांटकर
ससुराल भेजने की बजाए ममता के घरवाले उसका साथ क्यों दे रहे हैं। काफी बात चीत की बाद उसे इस बात का
एहसास हुआ कि, पुराना प्यार जीवन में वापस लौटकर आने के कारण नही बल्कि नया प्यार जो अजित को देना
चाहिए था, वह ना मिलने के कारण ममता उसे छोड़कर घर लौटी हैं।

शादी के बाद जहाँ रिश्ता मजबूत करने के लिए एकदूसरे के साथ ज्यादा समय बिताना चाहिए, वहाँ अजित तो उसे
कभी बाहर घूमने तक लेकर नही गया था। घरपर हसके दो 'बोल' बोल सकता था पर वहाँ उसे 'घरेलू मामलों में दखल
नहीं देनी हैं' बोला गया तो उसने हर चीज से ध्यान हटा दिया। नोकरी हरएक के लिए जरूरी हैं, जैसे उसकी IT Firm की
वैसेही ममता की स्कूल टीचर की! पर जो घर के सारे काम संभालकर

उसने कर दिखाया था वही अजित की तरफसे
ऐसी कोई पहल नही हुई थीं।
अपनी गलतियों का अहसास होतेही ममता को 'सॉरी' बोलकर और मनाकर अजित वापस अपने घर लेकर आया।
दुर्भाग्यवश उसकी माँ इसमे साथ देकर समझदारी से काम नही लेना चाहती थी, इसलिए अपने पिताजी के दर्शाये
रास्तेपर अजित और ममता ने पास ही एक मकान किराए से लिया।
आज एक साल की बेटी और घरवालों के साथ भी
वह दोनों रिश्ता बना पाए क्योंकि उन्होंने पहले अपना रिश्ता मजबूत बनाया।

9

बोल मेरी तकदीर में क्या हैं ?

"कितना आसान होता हैं ना कुछ लोगों के लिए,जब उनका मन चाहता है वह उनका गुस्सा किसी पर भी निकालकर
दूसरेही पल नॉर्मल होकर बाहर की दुनिया में अपनी मनमानी करने के लिए निकल पडते हैं। ऐसे ठाठमे मानो सब
ठीक हैं... कुछ गलत हुआही नही है... शायद इसकी वजह भी यह होगी की, कभी उन्हे 'किसी और की मनमानी'
सहन नही करनी पडती...।"
आज फिर एक बार अमित के साथ रीना का झगडा होनेपर अमितने रीनाके मन पर क्या बीत रही होगी इस बारे में
सोचें बगैर, केवल उसकी इच्छाके लिए शादीके हकसे उसे मिले रिश्तेका धोस जमाकर उसकी इच्छाओंकों रीनापर
थोपना चाहा, जैसा वह अक्सर करता था। रीना अब इन सबसे ऊब चुकी थी। कमरे के बाहर गए अमित को पुकारती
रीनाने उसे नीचे हॉलमे अपने मम्मी - पापा के साथ आरामसे बैठकर खाना खाते देखा। खाना खानेके बाद अमित
बाहर घुमने निकल गया। टिव्ही के सामने बैठकर सास ससूर पुराने गाने देख रहे थे।

"बोल मेरी तकदीर में क्या हैं?मेरे हमसफर अब तो बता...जीवन के दो पहेलू हैं, हरियाली और रास्ता... कहा हैं मेरे
प्यार की मंजिल तू बतला तुजको हैं पता..."
रीनाकी आंखे मानो इसी सवाल का जवाब अमितसे पूछना चाहती थी। उम्मीद की एक डोर मनमें लिए रीना अपने सास ससुरजी से बात करने चली गई।
"माजी, अमित आपका बेटा हैं इसलिए आपका उसके प्रती स्नेह मुझसे अधिक होगा यह मै समझती हूँ लेकिन
कभी कभी आपको उसे, उसके गुस्सेपर काबू पाने के लिए समझाने की जरुरत हैं।"
बेटे की बहोत जल्दी और बहोत ज्यादा गुस्सा करने की गलत आदत को जानते हुए भी उन्होंने इतनाही कहा,
"यह आप दोनों के बीच की बात हैं जिसे आपकोही सुलझाना होगा। हमने बचपनसे उसकी कही हर बात को माना
हैं और हमेशा उसे खुश रखा हैं। अब यही उम्मीद अगर वह तुमसे कर रहा हैं, तो इसमें गलतही क्या हैं?"
ससूरजी की तरफ जब रीना ने देखा तो उनके तेवर भी कुछ अलग नहीं थे।
"रीना, अगर अमित तुम्हें बाहर घूमाने के लिए लेकर जाना चाहता हैं, जिंदगी खुलकर जीना चाहता हैं, तो इसमें क्या
गलत हैं? भला यह भी कोई वजह थी तुम दोनों के आजके झगड़े की?"
बिना पूरी बात जाने केवल बेटे के मन को खूश रखने के लिए उसका साथ देने में सास ससूर कभी नही चुंके। शादी
के कुछ महीनों बाद भी यह बाते बदली नहीं बल्कि दिन पर दिन अमित की ढिटाई ऐसे बढ़ते गई की मजबूर होकर
रीनाने अपनी शादी के साथ साथ खुद को भी बचाने के लिए किसी जानकार से सहायता लेना उचित समझा। अपनी
पहली मुलाकात में उसने मुझसे सवाल पूछा...

"क्या आपके अनुसार किसी लडकी का खर्चे कम करना, डिस्को या पब कल्चर का हिस्सा बनने से इन्कार करना

या भारतीय कपड़े पहनना गलत बातों में आता हैं? अगर नही, तो अमित इन बातों को बहाना बनाकर मुझसे अलग
क्यों होना चाहता हैं? जबकि इस बात के लिए मैंने कदम उठाना चाहिए था!"
जबतक रीना पूरी बात नहीं बताती, किसी नतीजे पर आ जाना गलत होता। मैंने रीना से पूछा,
"क्या इसके अलावा भी कोई कारण हैं आपसमें टकराव होने का? जैसे दोनों के प्रोफेशनल लाईफ में अंतर होना...या
कुछ और...अलग?"
रीना ने बताया की,
" मैं एक IT field में जॉब करती हूँ तो अमित मार्केटिंग मैनेजर हैं। मेरी सैलरी ज्यादा होकर भी कभी मैंने इस बात
को जताया नही। बल्कि अपनी सैलरी से ज्यादा खर्चा करना यह अमित की आदत बन गई हैं। मेरा सादगी से रहना
उसे अच्छा नही लगता। उसे लगता हैं की मैं भी उसके साथ नकली दिखावे की जिंदगी अपनाऊ। रोज डिस्को में
उसके साथ डांस करू। आधे कटे कपड़े पहनू...जो मेरे स्वभाव के बिलकूल अलग हैं। "
इस बात को वह मिलकर कैसे ठीक कर सकते हैं, इस तरह की कुछ बाते रीनाको समझाते हुए ने मैंने रीना से पूछा,
" क्या इस शादी को बचाने के लिए ना चाहते हुए भी अगर कुछ सुझाव दिये जाय तो क्या तुम उन्हे मानोगी?
इतना ही काफी होगा ऐसा मुझे लगता हैं। पर क्या इसके अलावा भी तुम्हारी कुछ और शिकायते हैं अमितसे या
फिर परिवारसे ?"
रीनाको उसकी शादी तो जरुर बचानी थी, पर उसके साथही वह चाहती थी कि अमित भी खुद में कुछ बदलाव लाने
को तैयार हो !.... इसलिए उसने खुलकर सारी बाते बताई। सबकुछ सुनकर जो बाते रीनाने तैय की थी वह सारी
बाते अमितने जब रीनासे अगल होने की बात छेडी, उसने अमितके

सामने यह सारी बाते रखी।

"* मैं इस शादी को निभाना चाहती हूँ इसलिए तुमसे अलग होने के लिए मैं तैयार नहीं हूँ ।

* अगर फिर भी तुम्हारी जिदके लिए हमे अलग होना पड़ा, तो उसके पहले मैं मुझपर तुम्हारे द्वारा हुए domestic
violence के खिलाफ आवाज उठाऊंगी।

* अगर हम एकदुसरे को एक मौका देना चाहते हैं तो उन दिनोंमें हम दोनों तुम्हारे पैरेंट्स के साथ न रहते हुए कही
अलग रहेंगे। जिससे तुम्हारे गलत बर्ताव में तुम्हारी सहायता करने के लिए तुम्हारे साथ कोई नही होगा।

*किसी झगड़े के बाद भी हम खुद उसे सुलझाने की कोशिश खुदही करेंगे।

* सबसे पहले तुम्हे अपने गुस्सेपर काबू पाना होगा। जिससे फिर कभी तुम मुझपर हाँथ नही उठाओगे।

*इसतरह कुछ तुम बदलने की कोशिश करो, कुछ मैं खुदको थोड़ा बहुत तुम्हारे अनुसार ढालने की कोशिश में जुट
जाऊंगी।"

सब सुनकर अमितने सोच विचार किया। अमित, जो की रीना की यह बाते नहीं मानता तो अपनी करतूतों के कारण
बुरी तरह फंस जाता। उसकी गलतियों के बावजूद शादी बचाने के लिए जब गलती ना होते हूए भी रीना खुद् में
बदलाव करने को तैयार होकर आगे बढ रही थीं, तो वह राजी क्यों न होता? उसने रीना का साथ निभाया। कुछ दिनों
में ही वह एकदुसरे के साथ रहते हुए अपनी परेशानियों का हल निकालना सीख गए।

आपस में कितने भी मनमुटाव क्यों न हो, अगर बाते हातापाई होने से पहले रूक जाए या रोकी जाए तो रिश्ते बचने
की उम्मीद और बढ़ती हैं। अमितके साथ भी यही हुआ। बचपनसे हर छोटी बात को गुस्सा करके मनवाने की लगी
उसकी बूरी आदत, पैरेंटससे अलग रहने लगतेही काबू में आ गई।

रीनाने भी अपनी सादगी को बनाए रखते हुए, कुछ ऐसे बदलाव अपनी

कपडो के चयनमे, रहन सहन के तरीकों में
अमित की पसंद को ध्यान में रखकर किए की टकराव कम होने लगी।
लॉक डाउन में बाहर जाकर घूमने फिरने की
ज्यादा गुंजाईश ना होने के बावजूद रीना घरमें ही पहले से अधिक अच्छेसे सवंरकर तैयार होने लगी। जब कभी
मौका मिलता वह दोनों एक दूसरे की रुचि के अनुसार घरमें और उनके रूटीन में बदलाव करते।
आज अमित और रीना दोनों एकदूसरे के साथ रहते रहते, इतने तो बदल चुके हैं की अमित केवल डिस्कोथेक, डान्स
पसंद नही करता बल्कि रीना के साथ पुराने गाने सुनना, किताबे पढ़ने में समय बिताना उतनेही आनंद से करता हैं।
समझ बूझकर रिश्तों को मजबूत बनाने का एक मौका दिया जाए और उस मिले हुए मौके को अवसर समझकर पूरी
कोशिश की जाए तो शादीशुदा जीवन एक बार फिरसे लहरा उठता हैं।

10

एक 'मैं'और एक 'तू'....

एक मैं और एक तू, दोंनो मिले इस तरह... और जो तन मन में हो रहा हैं, ये तो होना ही था.....!

"ये तो होना ही था?" यह जितना अतुल के लिए स्वाभाविक था उतनाही इस बात को समझना रेवा के लिए कठीन! और
शायद यही वजह लगी उसे, अपने शादी शुदा जिंदगी को केवल पांच दिनों में नाकामयाब ठहराने में... और अतुल के
घर को छोड़ सहारा ढूंढते नाशिक में अपने मायके जाने का निश्चय करने के लिए।
रेवा की माँ को इस बात का अंदाजा था क्योंकि उन्ही की बातों को बचपन से सुनकर रेवा बड़ी जो हुई थी ।
'रेवा तुम्हें जीवन में कभी भी, कुछ भी सहन करने की जरूरत नहीं, मैं हमेशा तुम्हारे साथ हूँ' ऐसा हर वक्त दिलासा
जो दिया था माँ ने उसे। बात दरअसल केवल यहाँ तक होती तो भी ठीक था, पर पुणे के बड़ी आयटी कंपनी में काम
करनेवाले अतुलसे अपनी डिझायनर बेटी जो अपना बूटीक चला रही थी, शादी करवा देने के बाद भी, रेवा की माँ हर
दूसरे पल तसल्ली करने के लिए बेटी को फोन करके पूछताछ करना

अपना कर्तव्य समझ बैठी थी।

जाहीर सी बात हैं, शादीसे पहले किसी भी लड़की से जो लड़का कभी रिलेशन में ना रहा हो, वह शादी के बाद सारी उम्मीदे अपनी बीवीसे रखकर, उसका दिल जितना चाह रहा था। एक दूसरे से अभी पूरी तरह अच्छेसे घूलमीलनेसे पहलेही शारिरीक तौर पर एक दुसरे के बहोत करीब आना रेवा को उचीत नही लगा जिसके कारण वह अतुल को गलत judge कर बैठी...। मानो जैसे अतुल उसे बस अपनी खुशी के लिए शादी करके लेकर आया हो.....बस इतनी सी बात जो शायद आपस में बात करके वो दोनों सुलझाते, रेवाने अपनी माँ को बताकर बिगाड़ दी थी।

शादी के बाद अचानक रेवा जब उसे छोड़कर चली गयी तब किसीकी मदद से अतुलने मेरा कॉन्टैक्ट नंबर पता किया और तसल्ली करते हुए की, मैं निश्चित तौर पर उसकी सहायता कर, रेवा का दिल जीतने में उसकी मददगार रह सकती हूं, मुझसे मिलने के लिए समय लिया।

मेरे अनुसार जब तक कोई खुद अपने रिश्ते को बचाने के लिए खुदकी मदद नही करना चाहते, मैं उनको चाहकर भी रिज़ल्ट्स नही दे सकती। हर बात में अतूलके efforts और मेरे सुझाए हुए हर रास्ते को अपनाने से केवल एक हप्ते के अंदर रेवा को अतुल न केवल अपनी जिंदगी में वापस लाने में कामयाब हुआ बल्कि, वह उसका दिल भी जीत पाया।

रेवा की माँ ने भी कुछ सेशन्स लिए यह समझने के लिए कि, अब रेवा और अतुल को उनकी पर्सनल स्पेस देने की आवश्यता हैं।

किसी भी रिश्ते को थोड़ा समय दिया जाए तो पौधे पर बाद में आने वाले फुलों की तरह वह रिश्ता भी खुशबू का आनंद अपने आपही हमें देने लगता हैं।

11

किसी राह में, किसी मोड पर....

किसी राह में, किसी मोड पर,कही चल न देना तू छोडकर, मेरे हमसफ़र...मेरे हमसफ़र ...

जिस गानेसे करुणा को नफरत थी आज उसी गानेके बोल उसकी कानों में जीवन की हकीकत बनकर गूंज रहे थे,

और अदालत में बैठी करुणा अभी भी समझ नही पा रही थी की सचमें रितेश और वह हमेशा के लिए अलग होने

जा रहे हैं।

बंगलौर से उन दोनों ने मुंबई आने का जब फैसला किया था तब कभी मजाक में भी करुणा ने ऐसा होगा यह सोचा

नही था। अपनी माँ को शादी के लिए मनाते वक्त समझाते हुए उसने तब कहा था,

"आप मेरी चिंता मत करना। शादीका फैसला मैंने और रितेशने एक दूसरे को परखने के बाद और कुछ समय

एकदुसरे के साथ बिताकरही लिया हैं। हम अब कॉलेज जानेवाले बच्चे नहीं रहे जो बहकावे में आकर एकसाथ जीवन

बिताने का सोच रहे हैं। एक मैच्योर उम्र में, जब कोई सोच समझकर एक दूसरे का साथ देने का वादा करता हैं, और

जीवनमें आगे बढना चाहता हैं तब उनके बीच कोई भी चीज दरार नही ला सकती। इसलिए तुम भी फिक्र करना
छोड़ दो और शादी की तैयारी में लग जाओ।"

बेटी की खुशी के लिए करुणाके घर से अनुमती मिल गई थी। रितेश की माँ ने करुणा को स्वीकार किया था। अपने
पति से अलग होने के बाद रितेश को उसकी माँ ने पाल पोसकर बड़ा किया था। दोनों की जान एक दूसरे में बसती
थी।

अपने IT field के अच्छे करियर के चलते हुए भी एकदूसरे के साथ शादीशुदा जीवनके दिन बिताते हुए दोनों ने शादी
के बाद मुंबई में रहना और जॉब करना उचित समझा था। इसलिए बंगलौर से जॉब में ट्रांसफर लेकर वह मुंबई
आए। शादीके बाद उनके शुरुवाती दिन खुशीसे पंख लगाकर उड़ रहे थे। मांनो उन्हें जैसे समय का पताही न चल
रहा हो।

CFO के प्रोफाईल को बखूभी संभालती करुणा ने जो भी कमाया सारा रितेश के हवाले कर दिया था,

"हम दोनों अलग थोड़े ही हैं जो पैसों का हिसाब रखेंगे? हम जो भी कमाते हैं वह सब हमारा दोनों का हैं। इसलिए
तुम हमारा फ्लैट लेने के लिए यह सारे पैसे जमा करवा देना। हमारी शादी को छह साल हो गए। एकेक करके सारी
खुशियां मिली हैं...बस इसके बाद तो आनेवाला बेबी हमारी फैमिली की खुशियों को और बढ़ा देगा।"

मुंबई शहर में रितेश और करुणा का हर सुविधा से भरा हुआ उनका बड़ासा फ्लैट रोशनी से जगमगा उठा था जब
उनकी बेटी का जन्म हुआ था ।करुणा को जैसे जिंदगी की सारी खुशियां मिल गई थी। बहोत इंतजार के बाद उनके
हिस्से यह खुशी का पल आया था।

"करुणा अगर कुछ दिन तुम,बेबी के लिए घरपर रहना चाहती हो तो कोई दिक्कत नही हैं। हमारी बेटी का जन्म

समय से पहले हुआ हैं जिसके कारण तुम्हे उसकी सेहत की चिंता लगी रहती हैं। उसकी देखभाल तुम खुद ज्यादा
अच्छी तरह कर सकती हो ऐसे लगना स्वाभाविक हैं किंतु धीरे धीरे ईसमे हमे दूसरों की भी सहायता लेनी होगी।"

रितेश की इन बातोंसे, करुणाने बच्ची की देखभाल करने की पूरी जिम्मेदारी खुद पर लेली। शुरू शुरू में जॉब, घर,
बच्ची सबके बीच उलझी करुणा, रितेश को पहले जैसा समय नहीं दे पा रही थी। दिन पर दिन रितेश घर आनेपर
मोबाईल में अपना ज्यादा समय बिताने लगा।करुणा के पूछने पर उसने कहा,

"तो मैं और क्या करु? तुम्हारा सारा दिन बेटी के साथ और घर के काम में खत्म हो जाता हैं। मेरे जरासा मोबाईल
देखने पर भी पाबंदी लगा रही हो। मैं भी दिनभर ऑफिस में काम करके ऊब जाता हूं।"
करुणाने इन बातों को सुलझाने के लिए, अपना जॉब छोड़ दिया ताकि वह अपनी फैमिली को ज्यादा समय दे सके।
फिरभी उसे जीवन में कुछ कमी सी लग रही थी। एक दिन अपनी माँ को उसने फोन किया,
"माँ, क्या आप कुछ दिनों के लिए मेरे साथ आ सकते हो? रितेश अपनी माँ के साथ रहने गया हैं।"
बेटीकी मदद के लिए माँ मुंबई आ गई। सालभर से अधिक समय तक जॉब में ना रहने से करुणा को पैसों की भी
जरूरत थी। खुद की सारी जमा पूंजी उसने घर लेने के लिए रितेश को दे दी थी। हाथ में जमा थोड़े पैसे ज्यादा
समय नहीं चलेंगे यह करुणा और उसकी माँ दोनों समझ चुके थे। रितेश वापस आने का नाम नही ले रहा था।
रास्ता निकालने के लिए अपनीं बेटी को मुझसे मिलने का सुझाव माँ ने करुणा को दिया।

"मैडम, रितेश सात महीने पहले एक दिन अचानक हमे छोड़कर बंगलौर में उसकी माँ के साथ रहने के लिए चला

गया। कुछ दिनों में वापस आ जाएगा सोचकर मैं इंतजार कर रही थी। बाद में मेरी माँ को मैंने मेरे साथ रहने
बुलाया। मुझे फिरसे जॉब करना हैं। पर मैं हौसला नहीं जुटा पाई हूं अब तक और रितेश अब मुझसे अलग होना
चाहता हैं।"

मुझे सारी बाते बताने के बाद करुणा इस शादी को बचाने के लिए क्या कर सकते हैं इस सोच में बैठी थी। सब
सुनकर मैंने उसको हौसला देते हुए कहा,

"तुम इस वक्त अपना आत्मविश्वास पूरी तरह खो चुकी हो इसलिए तुम्हे लगता हैं की पहले जैसा सब ठीक होगा
या नहीं ? करुणा सबसे पहले तो तुम्हें अपने पाँवपर पहले जैसे खडे रहने की जरूरत हैं इसलिए हम सबसे पहले
उसपर काम करेंगे।"

कुछ दिन सेशन्स लेकर करुणा में जॉब करने की काबिलियत उसमें हैं,यह विश्वास आया। मैंने उसे कई बातें
समझायी जैसे,

"करुणा तुम्हारी तरह कई औरते शादी के बाद या बच्चे होने के बाद परिवार को समय देने के लिए जॉब छोड़कर
घरमें रहती हैं। और कुछ सालों बाद फिर से करियर में आती हैं, कुछ दिनों के छुट्टी का मतलब तुम्हारी पढ़ाई,
सीखे हुए लाइफस्किल जैसे हम लोग नहीं भूलते वैसेही जॉब भी हैं। हो सकता हैं की, शुरू में दिक्कत हो, ध्यान घर
और बच्चे परसे जॉब में लगाने में मन नहीं माने, पर जरूरत के हिसाब से जैसे तुम नए रोल में शादी के बाद ढली
वैसे अभी भी कर सकती हो।"

इस तरह बढाई गई हिम्मत और उम्मीद से करुणाने एक बार फिर जॉब करना शुरू किया। उसके बाद उसकी पूरी
कोशिश थी की वह रितेश को मनाए और शादी को बचाए। पर आखिर उसने अपना फैसला कोच के साथ शेयर
किया,

"मैंने आज तक इस रिश्ते को बचाने की कोशिश की। रात दिन मैं घर, बच्ची, नोकरी संभालने में व्यस्त होती गई
क्योंकि रितेश मेरी सहायता नहीं करता था। उसके लिए वक्त निकाल सकू इसलिए मैंने अपना जॉब छोड़ दिया।
उसके बाद तो रितेश को पानी भी पीना हो तो मैं उसे लाकर दू इस उम्मीद से वह बर्ताव करता था।

शादी से पहले मेरी त्वचा पर लगे कुछ धब्बे उसे अब नजर आ रहे हैं। बेटी होने के बाद मेरा वजन बढ़ गया हैं जो
उसे देखने में बुरा लग रहा हैं। पर इन सब बातो को ठीक करने के लिए ना तो वह मुझे समय देना चाहता हैं नाही
समझदारी दिखाना। इसी तरह कुछ महीने तो मैंने कोशिश में निकाल लिए लेकिन जब उसने किसी और के साथ
उसका जीवन बिताने का मन बना लिया हैं, तो रितेश को जबरदस्ती करके प्यारका रिश्ता निभाने के लिए कहा जाए
तो भी ज्यादा दिन तक वह इसे नही निभा पाएगा।"
दरअसल रितेश और करुणा की शादी को बचाने के लिए सुझाए गए हर बात पर करुणा ने दिलसे कोशीश की थी।
पर अंत में जब उस रिश्ते में प्यार रहा ही नहीं, केवल पैसा और स्वार्थ कि खातिर घर खुदके नामपर होनेपर
रितेशने डिवोर्स की सोच समझकर प्लानिंग की थी और उसकी माँ के साथ रहने चला गया था।
यह जानने के बाद करुणा ने इस रिश्ते को बोझ बनाकर थोपने से उसमें से बाहर निकलना समझदारी समझी।अपने
आप को यही बात समझाकर करुणाने माँ की गोद से अपनी बेटी को लिया और उसकी मुस्कान में एक नई उम्मीद
देखकर कदम आगे बढ़ाए।

12

ससुराल गेंदा फ़ूल !

सास गारी देवे, देवर समझा लेवे ससुराल गेंदा फ़ूल ! छोडा बाबुल का अंगना....

कुछ इसी प्रकार के हालातों में सविथा अपना धीरज ना खोते हुए रास्ता निकालकर , रोहन के साथ अपनी शादी को
बचाने की कोशिश कर रही थी।

सविथा और रोहन एक ही ऑफिस में पांच साल एक दूसरे के साथ सीरियस रिलेशनशिप में रहने के बाद शादी करके
जीवनडोर में बंधे थे।शुरुवात में सविथा के माता पिता यह शादी करवा देने में खुश नही थे। फिर भी बेटी की खुशियों
को समझकर उन्होंने रोहन को 'दामाद' के रुप में स्वीकार कर लिया था।

शुरू के एक डेढ़ साल में, बातें ठीक थी, या यह कहो की दोनों जॉब के लिए बाहर जाते थे तो, घर पर कम समय होने के
कारण उस वक्त सविथा की 'जाती' या 'भाषा'और भाषा के कारण आने वाले उच्चारण को लेकर कभी रोहन की माँ
और बहन उसे कुछ चिढ़ा भी देती तो वह 'अनसुना' कर देती थी। पर धीरे धीरे चीजे ज्यादा बदलने लगीं थी। उसने
महसूस किया की, 'रोहन की बहन'और उसमे याने 'सविथा' इन दोनों के बीच जैसे घरवालोंने दुजाभाव रखकर
कॉम्पीटिशन लगाई हो। किसी तरह उसकी हर बात में नुक्स निकालकर,

उसकी हँसी उड़ाई जाती थी।

रोहनने इसी दौरान उसका जॉब बदल दिया और साथ ही अपना रवैय्या भी। शादी से पहले और बाद वाले रोहन में
ईतना बदलाव देखकर सविथा को हैरानी हुई। अपनी माँ और बहन के खिलाफ ना वो कुछ भी सुन रहा था ना, असली
जड़ को समझ उसे सुधारने की कोशिश कर रहा था। शुरुवात में जो बातें सविथा ने 'अनसुनी'और 'अनदेखी' कर छोड़
दी थी, उन्हीको भुलना उसे कठीन लग था और खास करके कोविड के हालत में ! वह एकऔर घरसेही अपना
'ऑपरेशनल एनालिस्ट' का ऑफिस का काम देखते रही थी और दूसरी और 24 घण्टे सारे घरवालों के साथ हो रही
नोक झोंक को सहन कर रही थी । एक दिन किसी मामूली सी बात पर झगड़ा बढ़ गया और रोहन की माँ ने उसे उल्टा
सीधा सुनाते हुए एक थप्पड़ मार दिया जिसने आग में घी डालने वाला काम किया।

हर बात में समझौता कर शादी के रिश्ते में हसते खेलते खुद को ऐडजस्ट करनेवाली सविथा, रोहन का नागपुर का घर
छोड़कर अपने मायके चेन्नई वापस लौट आयी।

किसी परीचित द्वारा मेरी वेबसाइट और मेरे बारे में सुनने के बाद सविथा ने इस बात की जड़ को सुलझाने की एक नई
कोशिश मेरे बताए गए तरीकों से करना शुरू कर दी। और धीरे धीरे रोहन ने भी उसे साथ देना शरू किया। दोनों की
सूझबूझ से आज वह दोनों फिरसे एक साथ रहने लगे हैं और जीवन के कुछ पल एक दुसरे की, पसंद- नापसंद, चाहत
एवं जरूरते जानने की कोशिश करते हुए जिंदगी के उतार चढ़ाव को भी झेल रहे हैं।

एक ही शहर में माता पिता से अलग रहकरही सही, उनसे भी अपना रिश्ता पहले जैसा करने के लिए 'थप्पड़ खाने के
बाद सास को कही हुई बुरी बातों के लिए माफी माँगकर' सविथा ने एक सकारात्मक पहल की हैं। रोहन सविथा के साथ

उसके रिश्ते की डोर मजबूत करने की कोशिश करते हुए,अपनी माँ को भी समझाने और उनका दिल जीतने की सविथा
की कोशिश में उसके साथ खड़ा है।
जब रिश्ते निभानी की दिलसे ठान लो तो कठीन लगने वाले रिश्ते भी आसान लगने लगते हैं। रोहन और सविथा ने
उनका आपसी प्यार वापस पाकर, अब घरवालों को जीतने की ठान ली हैं, तो वह जरूर कामयाब भी होंगे यह मेरा
अनुभव कहता हैं।

13

फूलों का तारों का सबका कहना हैं....

"फूलों का तारों का सबका कहना हैं, एक हज़ारों में मेरी बहना हैं, सारी उमर हमें संग रहना हैं।"

यह गाना सुनने में जितना अच्छा लगता हैं, उतनाही मुश्किल हैं ऐसा हो पाना.... फिर चाहे वह भाई बहन हो या दो
बहने! एक पड़ाव पर आकर शादी के कारण हो या नोकरी के कारण हमे अलग रहना पडता हैं... इसमे समझदारी भी हैं।
एकदूसरे के साथ प्यारभरा रिश्ता और सौहार्दपूर्ण साथ बरकरार रहे, बस यही तो चाहता हैं हरकोई ! पर जब किसी की
यह चाहत लालच में बदल जाए और वह जिद पर उतर आए की हमे तो हमेशा के लिए साथ रहना हैं, और फिर अपनी
सारी ताकद दांव पर लगा दे तो मुश्किलें बढ़ जाती हैं, जैसे पायल औऱ प्रीती की बढ़ी और उनके साथ समर की!

पायल और प्रीती दोनों बहने हमेशा से ही एकदूसरे का साथ देती आयी थी। पायल दससाल बडी बहन होने के नाते
प्रीती से कुछ भी करने के लिए कहती थी, तो प्रीती के लिए वह बात लकीर बन जाती थी। अपने पैरेंट्स की तरह पायल
जो भी मेरे लिए सोचेगी वह मेरे भले के लिए ही होगा यह विश्वास प्रीती

के मन में था।

"मैं तुम दोनों बहनों के आपसी प्यार को देखकर हमेशा दंग रहता हूँ। प्रीती तुम्हारे साथ काफी आदरसे बात करती हैं
और तुम्हारा खयाल भी रखती हैं।"

पायल के दोस्त समरने यह बात एक बार ज़ब वह घर आया था तब सबके सामने कही थी। पायल और समर एक ही
ऑफिस में साथ में काम करते थे। समर, उम्र में पायल से पांच-छे साल छोटा होने के बावजूद भी उनकी आपस में
अच्छी दोस्ती थी। दोनों के विचार आपस में काफी मिलते थे। इसी दोस्ती के हक से एक दिन समर ने पायल से अपने
दिल की बात छेड़ दी।

"प्रीती के जीवन में तुम्हारी एक अहम भूमिका रही हैं इसलिए मैं घरवालों से पहले तुमसे उसका हाथ माँगना चाहता
हूँ। मैं उसे पसंद करता हूँ औऱ हमारी दोस्ती को तुम्हारी बहन से शादी करके मैं रिश्ते की डोर से हमारी दोस्ती को और
भी मजबूत करने की ख्वाहिश रखता हूँ। "

पायल जो समर और प्रीती दोनों के स्वभाव जानती थी, इस बात से जितनी खुश हुई, उतनीही चिंतित भी! प्रीती, जो
एक सरल और शांत स्वभाव की लड़की थी, उसकी जोड़ी समर के साथ ठीक रहेगी या नहीं? इस बात को जानने के
लिए प्रीती को लेकर, पायल मेरेपास प्रीती को कुछ बाते समझाने के लिए ले आयी।

पायल और समर की दोस्ती इस रिश्ते के आड़े नही आए इसलिए उन्होंने कुछ बाते भी तय करली। प्रीती बहोत भावुक
लड़की थी। हर एक छोटी बात उसके दिल में गहरा असर छोडती थी। समर इसके विपरीत प्रैक्टिकल स्वभाव का था।
कुछ बातों को तुरंत भूलकर जीवन में आगे बढ़ना समझदारी मानता था। प्रीती ने अपने इमोशनल होने पर काबू पाने
की सलाह लेते हुए समर के साथ उनकी शादी को सफल बनाने में योगदान देने की जिम्मेदारी को स्वीकार किया।

पायल के कहने पर प्रीती, समर के साथ शादी करने के लिए तैयार हो गई।

समर और प्रीती साल डेढ़साल एक साथ रहे। अपनी सास के साथ प्रीती की इस दौरान काफी नोकझोक हुई, जिसका
असर समर के साथ उसके रिश्ते पर साफ दिखाई देने लगा था। कॅन्सर की बीमारी से समर की माँ का देहांत हुआ पर
उसके जहन से अभी भी अपनी सास के कड़वे बोल नही हटे थे। रोज की उन्ही चिकचिक से परेशान समरको उस वक्त
मेरी बतायी बात याद आयी की मैंने उन्हें कुछ प्री-मैरीटल सेशन्स करने के लिए कहा था, जिससे ऊनकी शादी शुदा
जीवन में वह दोनों एकदूसरे को आसानी से समझ पाते और शादी का रिश्ता संभाल पाते। पर किसी कारण वश उस
वक्त, वे सेशन्स नही हो पाए थे। अब देढ़ साल बाद फिरसे उसने मेरी सहायता ली। हमारी मुलाकात में उसने अपनी
बात रखी,

"मैं इस रिश्ते को एक मौका देना चाहता हूँ। जिससे प्रीती के स्वभाव में कुछ सुधार आए। वह अभी भी मेरी माँ की बाते
सुनाकर मुझसे झगड़ा करती हैं। आपसे मिलने की बात भी उसने नही मानी। मेरे मना करने के बावजूद भी वह हर
छोटी बात आज भी पायल को बताती हैं। पायल की राय से फिर वह अपना बर्ताव तय करते हुए अब मुझसे अलग होने
की इच्छा जता रही हैं। मेरी समझ में नही आ रहा हैं की, मैं कैसे उसे समझाऊ?"

मुझसे काफी बार मिलकर और कई प्रयास करने के बाद समर ने आखिर एक वकील से बात की हैं, पर अभी भी उसे
उम्मीद हैं, की यह शादी बच सकती हैं अगर एकबार भी प्रीती अपने दिल की बात सुने। और पायल के उलटे चलने वाले
दिमाग के बजाए, प्यार की पुकार करने वाले दिल की बात माने।

मेरे खयाल से इस कहानी की सच्चाई कुछ अलग थी। इतनी कोशिश करने के बावजूद भी प्रीती समर की बाते

सुनने या उसके साथ रहने को तैयार नही हो रही थी। दरअसल यह प्रीती की नही, पायल की इच्छा थी की वे दोनों
अलग हो जाए।
"समर अमीर होने के नाते प्रीती को अलग होने के बाद भी, समर से काफी पैसे मिलेंगे। और मेरे कारण जो दो लोग
एक हुए थे वह मुझे भुलकर खुश कैसे रह सकते हैं?" ....
पायल अपने दोस्त को खोने के बाद अकेली हो गई थी और इस तरह की बाते सोचने लगी थी। प्रीती उसके कहने में
आकर शादी के लिए जैसे तैयार हुई थी वैसे ही अब अलग होने के लिए भी तैयार हो रही हैं। समर इस बीच अपने दोस्त
और बीवी दोनों को खो बैठा हैं। शादी बचाने की उसकी कोशिश सफल हो, यही दुआ हम सब कर सकते हैं।

14

गुम हैं किसी के प्यार में....

"रागिणी, तुम बेटी को लेकर मायके तो लौट आयी हो लेकिन,अभी भी तुम्हारा मन सुधीर के पास और तुम्हारे
ससुराल में ही हैं। कुछ समझ में नही आ रहा आखिर बात क्या हो गयी जो तुम्हे यह कदम उठाना पड़ा?"

"कुछ नही माँ,आप चिंता मत करो। धीरे धीरे मेरा मन लग जायेगा यहाँ। हमारा कोई झगड़ा नही हुआ। मेरी परेशानी
कुछ और हैं।ससुराल मे सब आपस मे जब बात करते हैं, तब मैं कुछ बोल ही नही पाती। इस कारण कई बार कुछ चीजें
तय करने में मेरा रोल नही होता। ना मेरे प्यार का इजहार करना मुझे आता हैं और नाही किसी बात पर मेरी राय देना।
लेकिन अब इसके कारण मैंने अपनी उलझने बढ़ा ली हैं ... "

रागिणी से बात करने के बाद उसकी माँ को बेटी के अकेलेपन का अंदाजा तो आने लगा था। इसलीए, रागिणी को बिना
बताए उन्होंने डॉक्टर सुधीरसे याने रागिणी के पती से बात कर उनके बीच के मनमुटाव की वजह को समझने की
कोशिश की।

"मैं आपकी बात समझ सकता हूँ आंटी, लेकिन मैं आपको कैसे समझाऊ की हम सब साथ में बैठकर हर चीज पर
विचार करते हैं। रागिणी को हमने अपनी बातों में शामिल करने की हमेशा कोशिश भी की। उसे खुद ही शांत बैठना
पसंद हैं, ऐसा लगने के बाद हमने आग्रह करना छोड़ दिया। वह चाहे तो चर्चा में शामिल होकर अपनी राय दे सकती हैं।
पर हमारी बात करना शुरू होतेही उसे गुस्सा आता हैं। उसके बाद वह हमारे कमरे में जाकर बैठ जाती हैं।कई बार हमने
उसे बोलने के लिए कहा।"
"शुरूवात में उसे केवल हम सब बोलते हैं इस बातसे तकलीफ थी पर अब तो हम हमारी बेटी के लिए भी कुछ कर नहीं
सकते। उसकी सारी बाते तैय करने का हक हमे नही दिया जाता। मेरे पेरेंट्स भी अपनी पोती की देखभाल करना
जानते हैं। परंतु रागिणी के अनुसार केवल वह खुद बेटी के लिए हर चीज सही कर सकती हैं। हमारी पूरी फैमली डॉक्टर
की होकर भी हमें हाइजीन का ध्यान रखना नही आता ऐसा उसका कहना हैं। मुझे लगता हैं कि, यह उसका केवल एक
बहाना हैं। वह हमारी बेटी को लेकर काफी पजेसीव होने लगी हैं। लेकिन आप चिंता मत करो, मैं सब ठीक कर दूंगा
जल्दी। "

जमाई से बात करते वक्त रागिणी की माँ ने रागिणी के दिल में क्या चल रहा हैं यह भी उसे बताया। सुधीर भी इस बात
को समझने की कोशिश कर रहा था, जिसमें उसे सहायता हुई। मुझसे मिलकर उसने रागिणी के मन की बात जो उसे
अपनी सांसू मॉ से पता चली थी वह बताई...

"मेरी समझ में नही आ रहा हैं कि मेरे पैरेंट्स और मैंने कभी भी रागिणी का दिल नही दुखाया, फिर भी उसे ऐसा क्यों
लगता हैं कि वह उस घर में अकेली पड़ गयी हैं और हम सब एक टीम बनकर उसके विरोधियों जैसे बर्ताव करते हैं। वह
कम बोलना पसंद करती हैं। इसलिए हमारे साथ बैठकर भी वह अपनी

राय नही देती इसमे हमारी क्या गलती हैं?"
मैंने सुधीर से कई बातें समझी और रागिणी के बारे में यह सिलसिला कबसे शुरू हुआ ऐसा सुधीर से पूछा। सुधीर ने
सारी बात विस्तार से बताई,

"मैं एक एमडी हूँ और मेरी पत्नी रागिणी एक डेंटिस्ट। मेरे माता पिता भी डॉक्टर हैं। हमारी आपस में अच्छी दोस्ती
होने के बाद हमनें शादी की थी। हमारे सारे दोस्त इस बात के गवाह हैं की हम एकदूसरे का कितना सन्मान करते हैं।
मैं एकलौता होने के कारण हमेशा से अनेक बातों के निर्णय बचपन से लेने लगा। हम सब एकदूसरे से बहोत बाते करते
हैं। पर रागिणी शांत स्वभाव की लड़की होने के बावजूद भी उसका कहना हैं कि वह बोलना चाहती हैं, लेकिन हम उसे
अवसर नही देते। जल्दी जल्दी सब तय करते हैं। उसे इतने जल्दी अपनी बात रखना नही आता। "

थोड़े सेशन्स के बाद सुधीर ने अपनी सुनने की क्षमता को बढ़ाया। उसने खुद में काफी बदलाव किए और अपने पैरेंट्स
को भी रागिणी की परेशानी बताई। सबने एकजुट होकर, रागिणी का दिल जीता और उसे वापस ससुराल लेकर आए।
सब समझ गए थे कि कई बार कुछ लोग अपनी भावनाओं को तुरंत सबके सामने नही बोल पाते। सब एक जैसे न होने
के कारण, उन्हें सबकी बात जब तक जान नही लेते तबतक रुकना चाहिए। रागिणी केवल अपनापन चाहती थी। कोई
उसकी राय को भी समझे, सुने इन बातों की अपेक्षा में थी पर यह भी वह खुलकर नही कह सकी थी।
आपस के अलग स्वभाव गुण समझने की छोटी कोशिश भी टूटे दिलों को फिर से मजबूती से जोड़ सकती हैं। सुधीर
और रागिणी सबके साथ आज खुशहाल जिंदगी जी रहे हैं।

15

अंत भला तो सब भला!

"समर, तुमने वह कहावत तो सुनी होगी 'अंत भला तो सब भला!' बस यही बात बताकर मैं तुम्हें भरोसा दिलाना चाहती हूँ कि तुम्हारे जीवन में सब कुछ जल्द ही ठीक होगा।"

मैं अपनी तरफ से समर को समझाने और उम्मीद दिलाने की कोशिश कर रही थी। श्वेतासे मिलकर आने के बाद उसके मन में कई सवाल उठ रहे थे और वह उनपर मुझसे बात करना चाहता था।

"प्यार जैसी मीठी भावना को भी क्या लोग इतनी सहेजतासे अपने स्वार्थ के लिए इस्तेमाल करते हैं? लडकियाँ जो अधिकतर भावूक होती हैं ऐसा माना जाता हैं, क्या अब वह भी प्रैक्टिकल हो गई और आसानी से दिल तोड़ने लगी हैं? आखिर इस सबमें मेरा क्या कसूर था मैडम?"

समर के सवाल गलत नही थे, वह तो बस हालात का शिकार हुआ था और यही बात उसे समझाना बहोत जरूरी हो गया था। उसके पापाने उसे मेरे पास भेजते वक्त यही कहा था कि,

"मैं अपने बेटे को आपसे मिलने भेज रहा हूँ ताकी आप भी उसे हमारे साथ इस बात का यकीन दिलाए कि, जीवन

जीते हुए अगर कभी हमे कुछ कटू अनुभव मिले या गलत लोगोंसे लगाई हमारी उम्मीद टूट जाए तो हमारी दुनिया
खत्म नहीं होती। किसी एक इंसान के हमारे जीवन में शामिल होने को इन्कार करने से हमारे जीवन में हमेशा के
लिए लोगों की कमी नही आ जाती। दुनिया में अन्य कई सारे लोग हमसे प्यार करते हैं और हमसे भी बदले में
प्यार मिलने की उम्मीद रखते हैं। किसी एक के लिए उन्हें अनदेखा करना और रुक जाना यह कोई समझदारी की
बात नही। किसी के हमारे जीवनसे निकल जाने से जिंदगी हमेशा के रुकती नही और उसे रुकना भी नही चाहिए।"

समर के पिताजी की सारी बाते और उन बातों को बताने की वजह और गहराई को मैं, मेरे सामने बिखरे पड़े समर
को देखकर समझ पा रही थी। प्यार में श्वेतासे धोका पाकर जो गहरा घाव समर के दिलपर लगा था, उससे बाहर
आने के लिए हमें उसके कुछ सेशन्स लेने पडे।

"आप दोनों ने शादी करने का निर्णय इतने जल्द कैसे लिया ? आप दोनों कितनी बार और कहाँ मिले थे?आखिर
क्यों तुम्हे इतनी जल्दी श्वेतापर भरोसा करने का मन हुआ?"
यह सवाल फिर एक बार समर को पूछने पर उसने बताया,
"जैसे कि मैं पहले ही आप सबको बता चुका हूँ कि हम दोनो एकदूसरे से पहली बार एक ट्रेकिंग ग्रुप में मिले।
उसके बाद भी केवल दो या तीन बार हम दोस्तों के साथही ट्रेकिंग करने गए थे। पहचान होने के बाद हमे एकदूसरे
से सोशल मीडिया पर चैट करना अच्छा लगा और वही चैट करते करते हमारी दोस्ती गहरी हुई। इंटरकास्ट मैरिज
के लिए घरवाले तैयार होगे या नही इसलिए मैंने कभी अपनी तरफ से पहल नही की। लेकिन श्वेताने ही अपनी
ईच्छा जताई और साथ ही यह भी बताया कि उसके घरसे इस बात की अनुमति हैं।

मैंने भी अपने घर में बात की, तब मेरे माँ पापा ने अनुमती देते हुए उसके घरवालों से मिलकर सगाई की तारीख
तैय करने का सोचा। यह बात बताने के बाद श्वेता ने जवाब देना टालते हुए फोन कांट दिया और मुझे हर जगह
ब्लॉक किया।"
समर को जैसे सारी बातें फिरसे आँखों के सामने नजर आ रही थीं।अभी भी उसकी आँखों से आँसू झलक रहे थे।
इस बात से मानो वह टूट चुका था। हमने भी जब श्वेता को उसके ऑफिस अचानक पहुँचकर जानने की कोशिश
की थी, तब उसका जवाब सुनकर हम भी दंग रह गए थे। उसने समर से माफ़ी माँगते हुए कहा था,
"मुझे माँफ कर देना समर। मैंने कभी तुमसे प्यार किया ही नही। मुझे जिससे शादी करना पसंद था, वहाँ शादी
करवाने के लिए मेरे घरवाले राजी नहीं थे। इसलिए मेरे लिए कोई और रिश्ते खोजकर उन्हें मेरी शादी करवानेंसे
रोकने के लिए मैंने यह झूठ तुमसे और मेरे घरवालों से कहा था। मेरे ससुराल वालों को हमारी शादी से कोई
दिक्कत नही थी। अतः कुछ दिन पहले ही हमारा निकाह हो गया। मैं बस यह बात बताने का धीरज नही बना
पायी।"

श्वेता की सच्चाई सामने आनेपर एक तरफ समर बहोत क्रोधीत हुआ था। किंतु उसे यह बात समझाने पर शांत होने
के लिए मजबूर होना पड़ा कि,

"बिना एकदूसरे को अच्छी तरह जाने केवल दो तीन मुलाकातों में शादी करने जैसा बड़ा निर्णय उन्होंने लिया था।
दुर्भाग्यवश श्वेता के इरादे अलग होने के कारण उनकी शादी नही हो पायी। अगर हो जाती और बाद में पता चलता
तो मुश्किलें और भी बढ़ती। कुछ बातें हमें समय पर और हमारे लिए निर्णय के परिणामस्वरूप स्वीकार कर जीवन
में आगे बढ़ना चाहिए।"

समर को पिछली सारी बातों को भुलाकर नए जीवनसाथी की खोज करने के लिए जो वक्त चाहिए था उतना लेकर
उसने रेवा से शादी करने का निश्चय किया। उसे अपने बारे में हुई सारी बाते बताकर और मेरे साथ दोनों ने
मिलकर आपस में इमोशनल कम्पेटिबिलिटी चेक करने के बाद एक दूसरे को उनकी कमियों को साथ स्वीकार
किया। आज समर और रेवा अपना खुदका अस्तित्व बनाए रखते हुए एकदूसरे के लिए अपने आप में कुछ बदलाव
करते हुए जीवन में खुशियाँ बटोर रहे हैं।

9 798889 868781

Printed by Libri Plureos GmbH in Hamburg, Germany